De ce zboară vrăjitoarele pe cozi de mătură?
...și alte 10 întrebări fantastice

Adina ROSETTI
ilustrații de CRISTIANA RADU

Ediție revăzută

Redactor: Diana Zografi
DTP & caligrafie: Faber Studio

Ilustrațiile din această carte au fost realizate cu acuarele
pe hârtie și apoi prelucrate digital.

Descrierea CIP a Bibliotecii Naționale a României
ROSETTI, ADINA
De ce zboară vrăjitoarele pe cozi de mătură?... și alte 10 întrebări fantastice/
Adina Rosetti, Cristiana Radu. –
București: Editura Arthur, 2021
ISBN 978-606-086-382-3

I. Radu, Cristiana

821.135.1

Comenzi online:
comenzi@editura-art.ro
www.editura-arthur.ro

© Editura Arthur, 2021
Editura Arthur este un imprint
al Grupului Editorial ART.

Pentru Clara și Anton și pentru toți copiii mici sau mari care pun mereu întrebări.

1. De ce ROZUL e culoarea preferată a prințeselor?

Trebuie să vă spun, dragi copii, că lucrurile n-au stat întotdeauna așa. Pe vremuri, când rozul nici măcar nu se inventase, prințesele se dădeau în vânt după verde-brotăcel, albastru de nu-mă-uita sau galben-lămâiță. Dar ceea ce le făcea cu adevărat fericite era să se îmbrace din cap până-n picioare în gri. Da, da, în banalul și plictisitorul gri!

Până când, într-o zi, o prințesă mică și drăgălașă, Isabel Clementina Hermione pe numele ei, zburdând pe pajiștea din fața castelului părintesc, îmbrăcată într-o minunată rochiță gri-șobolan cu ornamente *gris perle*, a găsit o petală a unei flori de o culoare nemaivăzută. Nu semăna cu niciuna dintre culorile pe care le cunoștea. Curioasă, a ridicat petala și atunci a văzut că în fața ei mai erau și altele: un drum întreg presărat cu petale i se deschidea în față.

A mers mai departe, până când a ajuns într-o poiană în mijlocul căreia se afla o floare de aceeași culoare necunoscută. Isabel Clementina Hermione era o prințesă obișnuită să primească întotdeauna ce-și dorea. Nimeni nu-i refuzase vreodată ceva. Văzând floarea, Isabel a întins mâna s-o rupă. Culoarea aceea pe care nu o mai văzuse nicăieri era numai bună să-și împodobească rochița (sau cosița). Floarea însă a rugat-o să n-o rupă. Isabel nici n-a vrut să audă. Și-o dorea și pace! Floarea a început să plângă. A implorat. A amenințat. Degeaba. Nimic nu-i putea sta în cale micuței prințese atunci când își dorea ceva. A apucat tulpina și a încercat s-o rupă, dar s-a înțepat rău într-un spin. Furioasă, a călcat floarea în picioare și a fugit înapoi la castel, plângând de mama focului.

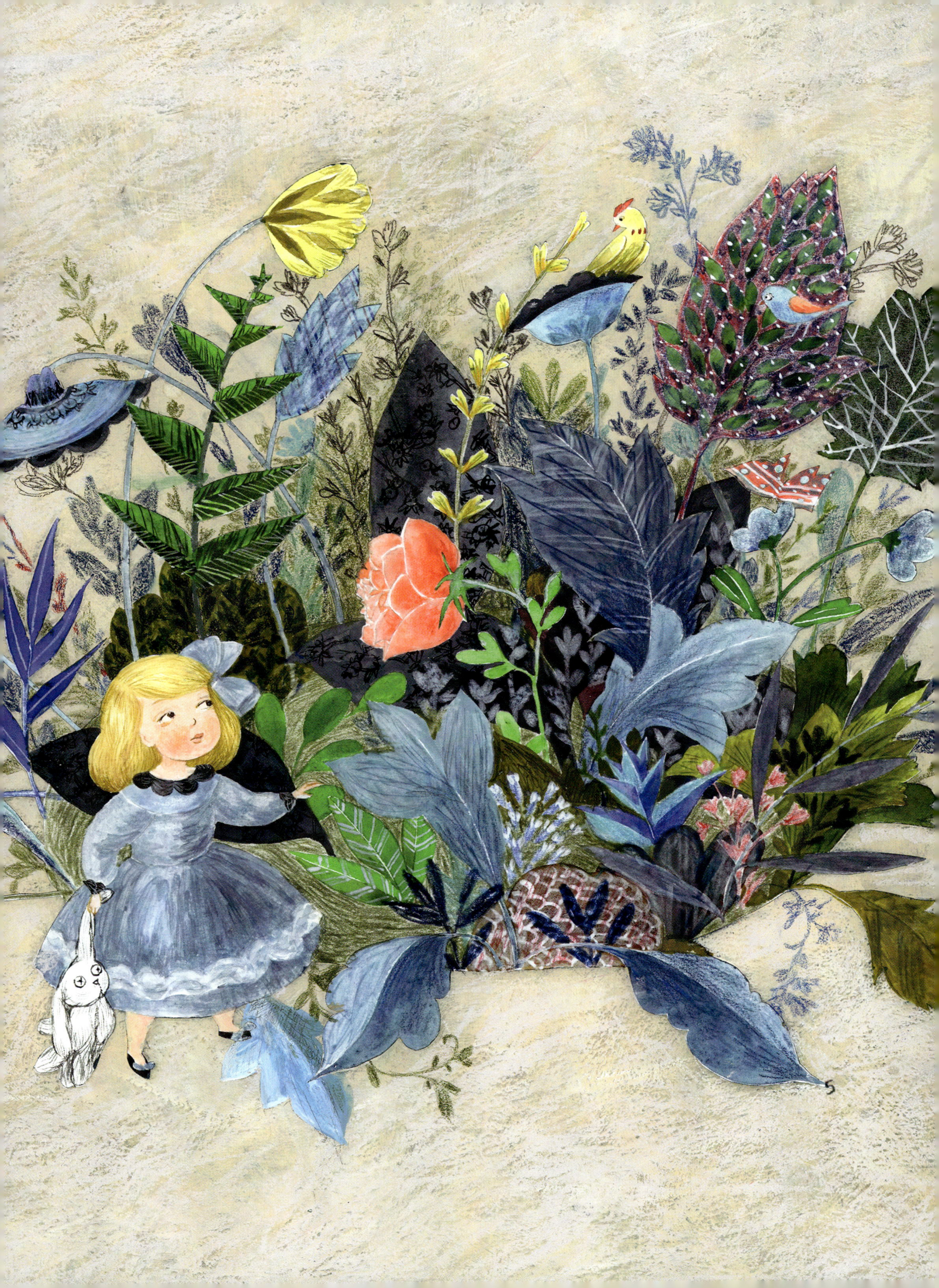

Între timp, ceva ciudat se întâmplase: rochița ei nu mai era gri, ci căpătase culoarea florii. Pantofiorii, șosetele, bentița și jachețica, toate deveniseră ROZ. Așa avea să se numească mai târziu culoarea. Mai mult, așternuturile Isabelei, jucăriile, perdelele și covorul din camera ei, mobilele și caietele, cerneala din călimară și crema din prăjituri, șaua poneiului și cizmele de ploaie, gelul de duș și guma de șters, șervețelele și copertele cărților – totul devenise roz.

Așa că, neavând încotro, micuța prințesă a trebuit să se obișnuiască cu noua culoare. Ba chiar, cu timpul, a început să-i placă să fie înconjurată numai de ROZ. Și, de atunci, prințeselor de pretutindeni le place rozul. Asta până când una dintre ele va descoperi, într-o bună zi, zburdând pe pajiștea castelului sau a parcului de lângă grădiniță, o petală a unei flori de o culoare încă neinventată.

NEGRALB

TURCOAZOLET

PORTOROZ

Inventează și tu niște culori!

2. De ce zmeilor nu le plac dulciurile?

Drept să vă spun, de fapt, zmeilor le plac mult crema de zahăr ars și înghețata (mai ales cea de zmeură), dar le e cam rușine să recunoască. Pentru că atunci când mănâncă dulciuri zmeii nu mai sunt deloc fioroși și-și pierd puterile înfricoșătoare. Simt cum îi cuprinde un fel de moleșeală și buzduganul cel greoi le alunecă din labe. Iar dacă înfulecă și vreo savarină pufoasă, zmeii încep să se uite la desene animate, suspină după prințese și sunt gata să iasă la plantat floricele în grădină.

Studiu de caz

Într-o frumoasă zi de primăvară, un spiriduș neastâmpărat l-a păcălit pe Zmeul Zmeilor și l-a convins să intre în cofetăria din Pădurea Fermecată. Habar n-avea Zmeul la ce să se aștepte, pentru că părinții lui nu-i povestiseră niciodată despre existența dulciurilor.

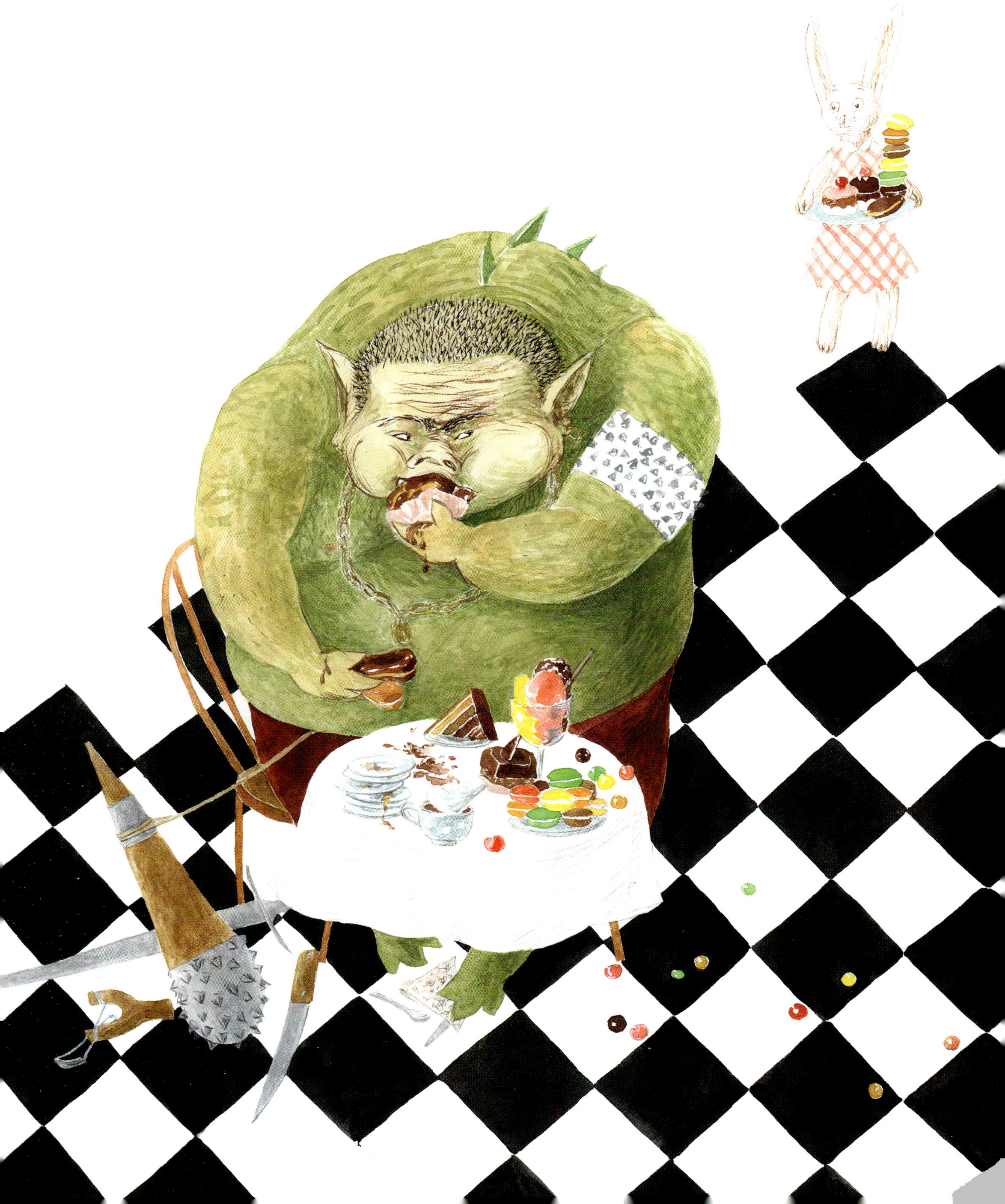

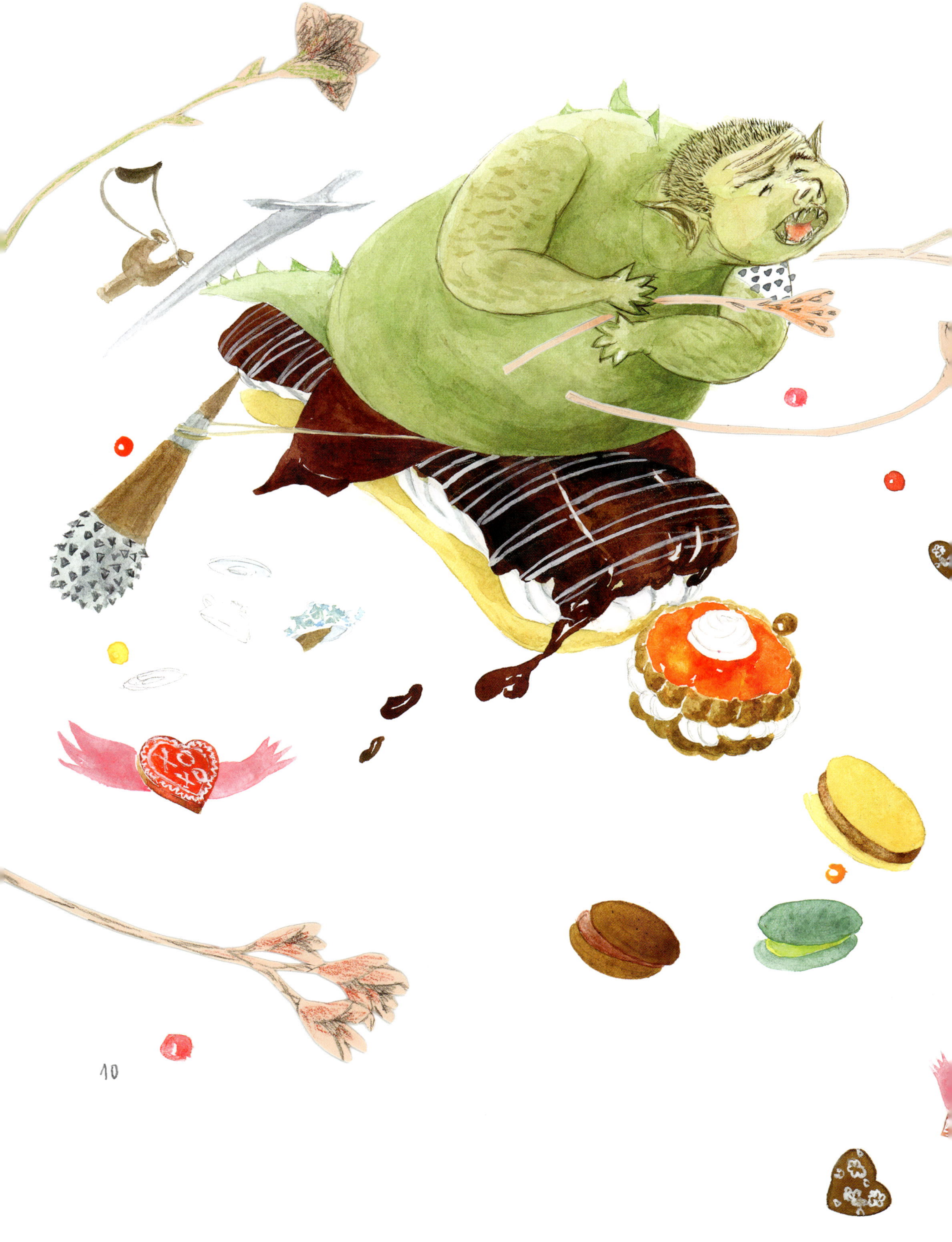
XO XO

În general, el mânca scoarță de copac și uneori, la ocazii speciale, cum ar fi ziua lui, părinții îl duceau la restaurantul Marelui Căpcăun, unde se ospătau cu toții cu Sufleu de Voinic. De cum a pus piciorul în cofetărie, Zmeul a simțit că se întâmplă ceva bizar cu el. Aerul dulce și vanilat îi gâdila nările, prăjiturile frumos aranjate în vitrine îl emoționau nespus, iar gustul... ah, gustul delicios de ciocolată l-a vrăjit de la prima linguriță de amandină. Așa că Zmeul Zmeilor și-a comandat nici mai mult, nici mai puțin decât un platou întreg!

După ce s-a ospătat pe îndelete cu amandine, tort cu cremă-caramel și alte minunății, Zmeul a ieșit din cofetărie și s-a dus glonț la Turnul de Gheață din mijlocul pădurii, un loc în care de obicei nu avea curajul să pătrundă. Aflat sub vraja dulce a prăjiturilor, Zmeul s-a pornit, cu un curaj nebănuit, să-i cânte serenade Dragoniței din Turnul de Gheață.

Ea nici că l-a băgat în seamă. Ba mai mult, pentru că Zmeul nu prea avea nici voce, nici talent muzical și nici la rime nu se pricepea cine știe ce, Dragonița a tras obloanele ca să nu-l mai audă. A dat drumul tare, foarte tare, la muzica ei preferată (formația „Foc și pară") și s-a cufundat în lectura volumului de poezie *Spini și solzi*.

Bietul Zmeu! Se simțea atât de trist că fusese respins și dragostea lui rămăsese neîmpărtășită! Ca să-și mai înece amarul, dar și pentru că inspirația nu-i dădea pace, se apucă să aștearnă versurile pe o foaie. Când ultimul cuvânt fu scrijelit, o pală de vânt poznașă îi luă pe sus foaia și-o duse departe, hăt-departe, până ce se pierdu dincolo de orizont. Zmeul începu să lăcrimeze, convins că poezia s-a pierdut pentru totdeauna.

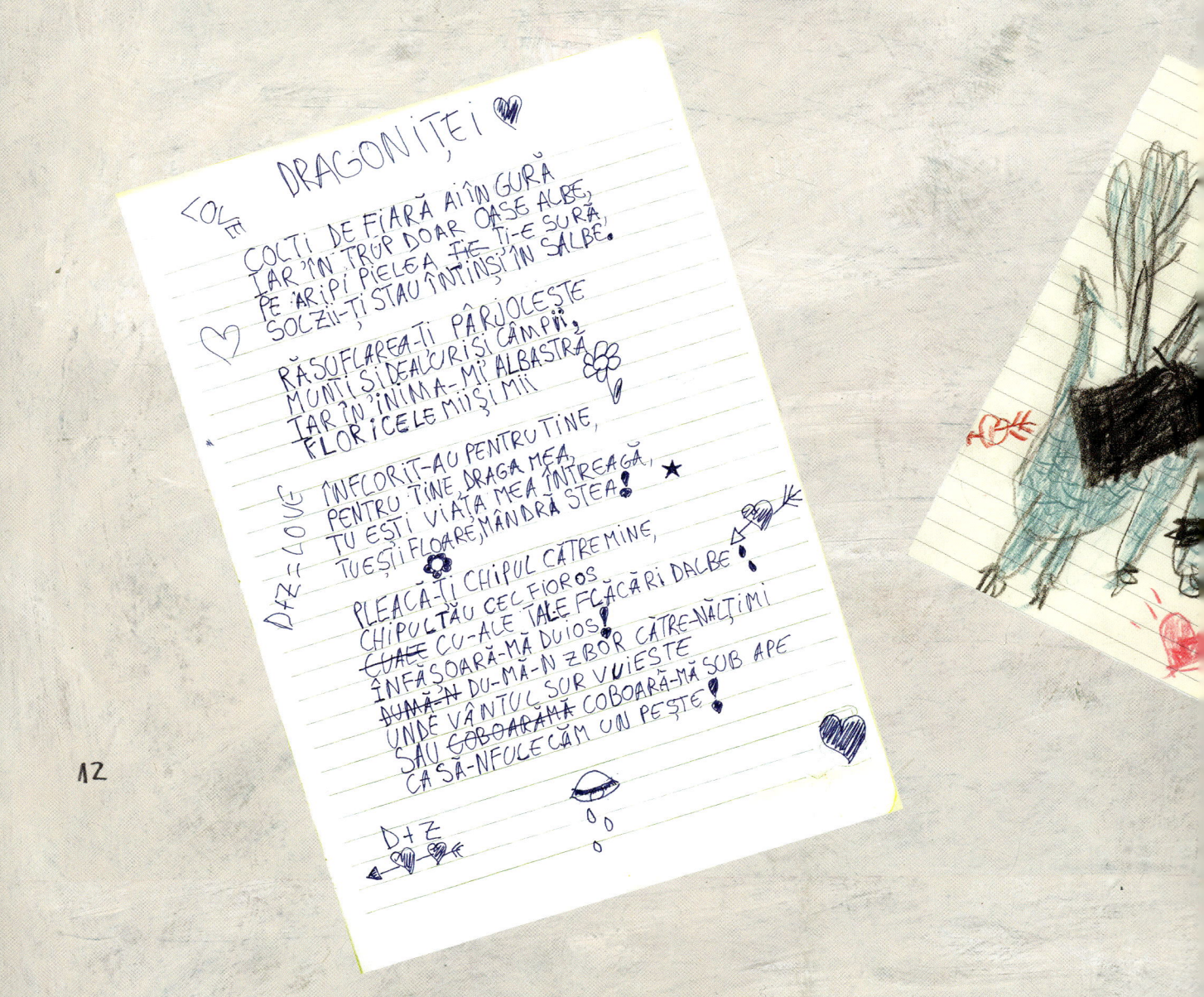

Așadar, țineți minte, dacă vă aflați vreodată în fața unui ZMEU înfricoșător, invitați-l LA COFETĂRIE și astfel îl veți putea învinge cât ați zice... „SAVARINĂ"!

3. DE CE LE TREBUIE BALAURILOR atât de multe capete?

Balaurii sunt niște persoane ocupate, cu o viață foarte complicată și, cum nu au nici laptop, nici telefon mobil, nici tabletă, au nevoie de cel puțin șapte capete ca să-și poată organiza treburile. Un cap se gândește cum să învingă prinții în luptă dreaptă, altul socotește câte zile mai sunt până la vacanță. Un cap pune la cale planul de răpire a unei preafrumoase domnițe, în timp ce al patrulea încearcă să învețe pe de rost o poezie pentru serbarea de primăvară a balaurilor. Al cincilea cap e ocupat să vegheze comoara ascunsă sub Stânca Blestemată, iar în vremea asta cel de-al șaselea numără petalele unei margarete, așteptând cu mare emoție să vadă dacă Dragonița îl iubește sau nu. Și, în fine, ultimul nu se gândește la nimic, e pur și simplu de rezervă, pentru cazul în care vreun Făt-Frumos viteaz se apucă de retezat capetele balaurilor.

Cățeluș cu
păru creț
fură rața
din coteț
și se jură
că n-o fură
dar l-am
prins...

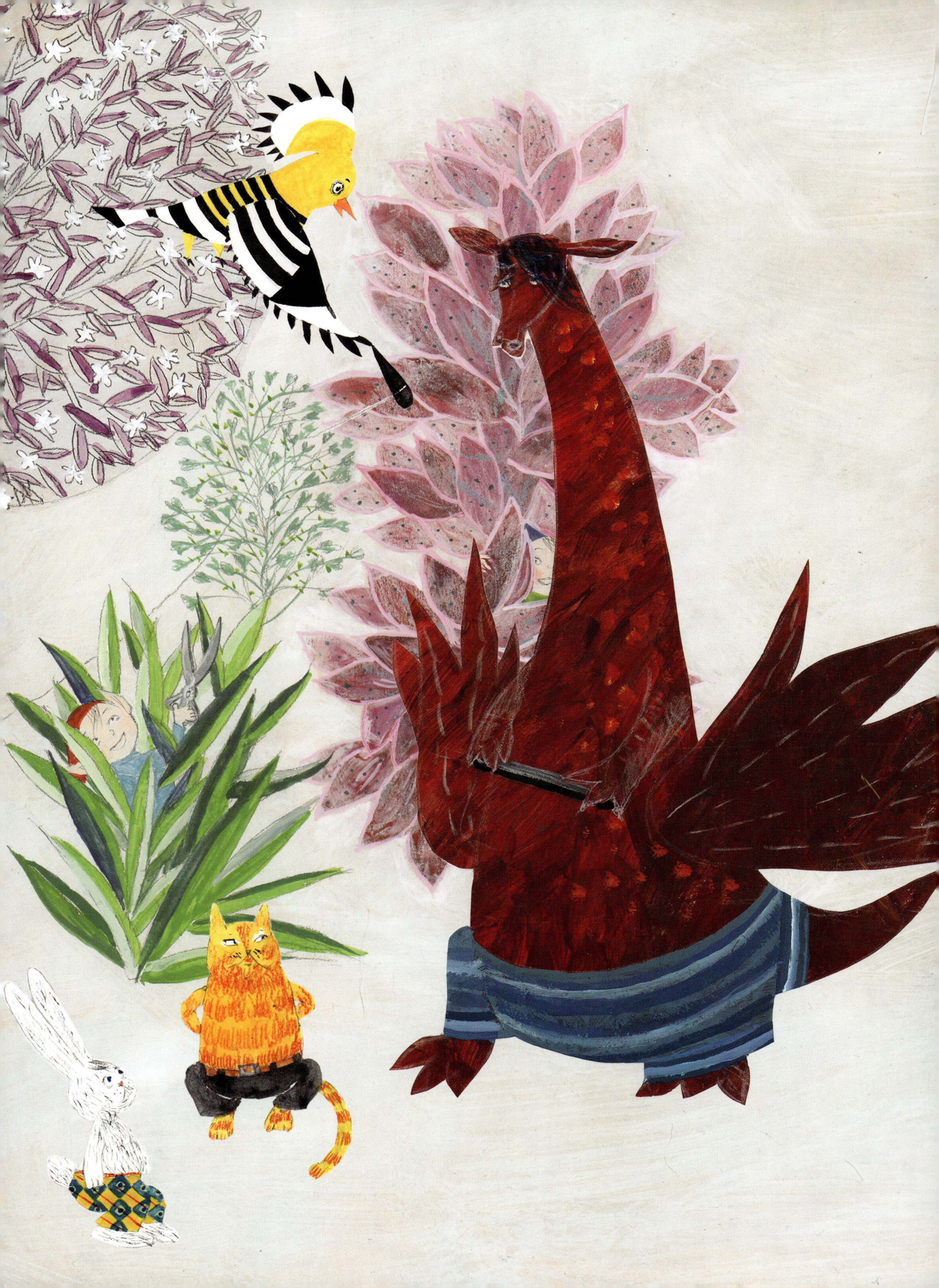

De curând, în Codrul Întunecat a fost zărită o creatură cel puțin ciudată: arată ca un balaur, însă are un singur cap. Mai mult ca sigur, celelalte i-au fost retezate de vreun voinic... Însă balaurul acesta își plimba lăboanțele lui verzi pe deasupra unui obiect dreptunghiular, lucios, pe care se perindau imagini colorate și mișcătoare. Rugat de o Pupăză cu microfon să explice misterul la televiziunea din pădure, balaurul a zis:

„— E o tabletă Măr Verde de ultimă generație. De când o am, am renunțat la șase dintre cele șapte capete ale mele și acum, cu un singur cap, mă simt mult mai ușor. Viața mea e mult mai organizată. Unde mai pui că pot filma luptele cu voinicii și îmi pot face poze singur, pe care i le trimit apoi direct Dragoniței și celorlalți prieteni balauri!"

Dar chiar în acel moment transmisiunea s-a întrerupt... Peste câteva zile, Zmeul a fost zărit din nou prin pădure, umblând bezmetic, fără tableta Măr Verde. Fără obiectul miraculos, nu mai ținea minte nimic: nici când urma să vină vacanța, nici poezia pentru serbare. Habar nu avea ce se alesese de comoara de sub stâncă și, mai mult ca sigur, dacă s-ar fi ivit atunci vreun voinic prin preajmă, cu greu ar fi scăpat din mâinile lui, pentru că-și neglijase exersarea tehnicilor de luptă, fiind mult prea ocupat cu trimisul pozelor. Bietul zmeu întreba pe oricine îi ieșea în cale despre cele șase capete ale sale, la care renunțase atât de ușor, dar nimeni nu părea să știe nimic. Așa că n-a avut de ales și a început să facă exerciții de recuperare a memoriei...

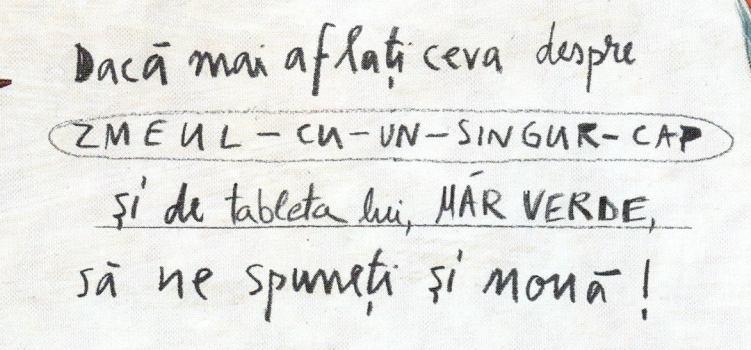

Dacă mai aflați ceva despre ZMEUL-CU-UN-SINGUR-CAP și de tableta lui, MĂR VERDE, să ne spuneți și nouă!

4. De ce nu a reușit Făt-Frumos să meargă cu mașina?

Cred că știți deja că Făt-Frumos este un domn mai degrabă de modă veche. El se îmbracă aproape întotdeauna la fel: cu papion și cu joben, iar uneori, la ocazii speciale, se împodobește cu plastron și jambiere. Nu a fost niciodată la supermarket sau la locurile de joacă și habar n-are să umble cu un telefon mobil, preferând să scrie scrisori pe hârtie, cu tocul înmuiat în călimara cu cerneală. Îndeletnicirile lui preferate au rămas plimbatul călare prin regat și lupta vitejească cu zmeii. Totuși, mai mult împins de la spate de Ileana Cosânzeana, care se săturase să fie hurduicăită în șaua Calului, și-a cumpărat într-o bună zi o mașină micuță, roșie, în formă de buburuză. Dar, vai!, în loc să-i pună benzină, o hrănea cu jăratic, la fel ca pe armăsarul său. Se necăjea că mașinii nu-i creșteau douăsprezece perechi de aripi când avea el chef să zboare și că, dacă se apropia vreo primejdie, mașina nu știa să-i dea de veste, precum făcea Calul lui credincios: „Stăpâne, ian uită-te îndărăt și spune-mi, vezi ceva?"

Dar cel mai tare s-a supărat Făt-Frumos atunci când niște spiriduși răutăcioși, desigur puși pe șotii, i-au furat într-o noapte roțile de la mașină. A umblat ca un năuc o săptămână-ntreagă, întrebând pe toată lumea dacă nu a văzut ceva; a pus chiar și un anunț pe copacii din Pădurea Fermecată, promițând o răsplată generoasă celui care-i va da de știre despre roți.

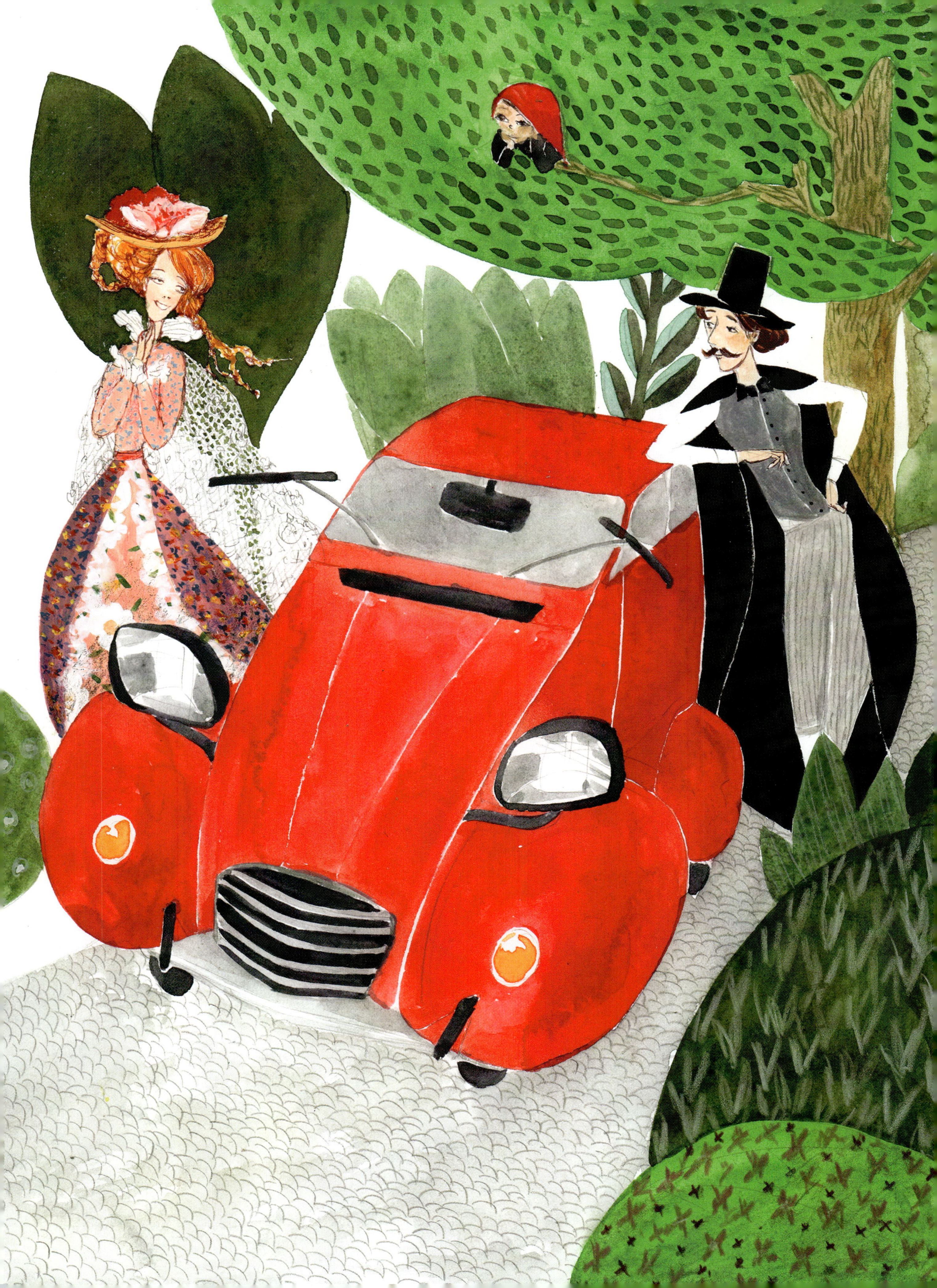

Cine-mi va aduce veste
Despre rotile furate
Va primi, ca în povești,
În dar mii de nestemate.

Bogății cât cuprinde,
Un regat pentru o roată,
Spiridușii îi vor prinde,
Răscoli-voi lumea toată!

De aflați, așadar, zvonuri
Despre rotile-mi ușoare,
Vă voi răsplăti cu tomuri
De povești nemuritoare!

Dar nimeni n-a răspuns anunțurilor sale disperate, iar spiridușii nu și-au recunoscut niciodată fapta. În cele din urmă, abătut și bolnav de inimă rea, a dus mașina-cea-fără-de-roți în Ținutul Fiarelor Vechi și s-a întors la Calul său credincios, pe care nu l-a mai părăsit de atunci. Acum umblă vestea prin regat că Făt-Frumos are de gând să-și cumpere, cât de curând, o motocicletă înaripată, însă eu, una, n-aș da crezare acestui zvon exagerat.

Voi ce credeți?
Ce fel de autovehicul ar trebui să folosească Făt-Frumos?

5. Ce se întâmplă cu un BROSCOI pe care nu-l pupă nicio PRINȚESĂ?

Of, tare mult mai așteaptă broscoii să fie găsiți de o prințesă frumoasă a cărei dulce sărutare să-i preschimbe în prinți! Dar nu toți broscoii sunt norocoși... (După cum nu toate prințesele sunt norocoase: ia gândiți-vă numai câți broscoi trebuie să pupe o biată prințesă până când îl întâlnește pe cel fermecat!) De obicei, broscoiul rămas nepupat cade într-o tristețe adâncă și-i piere pofta de mâncare.

Uneori chiar plânge, dar, din cauză că trăiește în lac, lacrimile lui se amestecă cu apa și nu i le vede nimeni. Nu mai prinde musculițe, nu mai are chef de înotat și nu mai ia parte la niciunul dintre concertele care au loc în fiecare seară, în stufăriș.

Într-o bună zi, apare o broscuță drăguță, care încearcă să-l farmece cu un „oac-oac" gingaș, încercând să-i scoată din minte visul cu prințesa...

Însă broscoiul nostru nu se lasă cu una, cu două. Degeaba îi aduce broscuța musculițe fragede, degeaba se împodobește cu rochii din frunze de nufăr și coliere din aripi de libelulă, degeaba cântă și suspină și-și unduiește grațioasă corpul verzui în salturi nemaivăzute. Broscoiul nostru privește indiferent, convins că destinul lui este cu totul altul.

De vrei să-mi stingi amarul,
Preschimbă-ti-n prințesă
Bălaie sau brunetă,
Totuna mi-e acum!
De vrei să-mi fii alături
Îți trăbui' lungi cosițe,
Obraji fini cu gropițe,
Miros de garofițe
Și mijloc cu centuri!

Rochiți de dantelă —
O simplă bagatelă!
Conduri fini auriți
Și nasturi poleiți.
Glasul să-ți fii dulce,
Privirea să-ți arunce
Văpăi de nestemate
Și chiar să știi KARATE!

Dar tu, dragă broscuță,
Poati că ești drăguță,
Însă nu vei fi vreodată
Prințes-adevărată!
Nu mi-s broscoi de casă
Nici tu nu-mi ești aleasă
Fă bine și mă lasă
Cu ale mele visuri.

Căci ziua nu-i departe,
Doar lacul mă desparte
De prințesa hărăzită
Ce îmi va fi iubită!
OAC - OAC!

Astfel grăia
BROSCOIUL,
iar BROSCUȚA, dezamăgită, plângea la rândul ei cu lacrimi amare ce se rostogoleau în apa lacului.

„Dar, hei, ce-i cu povestea asta tristă?!" a exclamat prințesa Isabel Clementina Hermione, care stătea în pătucul ei cu așternuturi roz, într-o cămașă de noapte de culoare, bineînțeles, roz. „Ia să-i faceți, vă rog, un final fericit, că mie așa-mi place! Și să fie roz, că altfel mă supăr și-ncep să plâng!"

Așa că broscoiul nostru trist a simțit deodată o dulce sărutare, așa cum numai o prințesă îi putea da, și a ridicat privirea, fericit să-și întâlnească aleasa mult așteptată. Dar, în loc de o prințesă cu cosițe, miros de garofițe și-obraji cu trei gropițe, în fața lui stătea broscuța, privindu-l galeșă, învăluită într-o lumină roz. Cuprins pe loc de dragoste, n-a mai stat pe gânduri și a cerut-o de soție:

Privirea mi-a fost oarbă
Și-am căutat ca prostul
În viața asta searbă,
Fiind mult prea fudul,
Să-mi împlinesc dorul
Alături de-o făptură
Cu nas, cu ochi și gură.
Am suferit destul!

Ridic acum privirea
Și-ți întâlnesc surâsul
Tău tandru de broscuță.
Cu tine-ntreg abisul
Se lămurește-n zare,
Cu tine în bărcuță
Plutind pe-ntinsă mare,
Pururi aș vrea să fiu!

Și au trăit amândoi fericiți până la adânci bătrâneți, pe LAC. OAC-OAC!

6. De ce au spiriduşii note mici la MATEMATICĂ?
1 2 3 4 5 6 7 8 9 — —

Răspunsul e cât se poate de simplu: de neastâmpăraţi ce sunt! (De altfel, un spiriduş cuminte nu ar fi bun de nimic. Cum ar mai putea el să ţopăie toată ziua, să fie în mai multe locuri în acelaşi timp şi să ştie secretele tuturor?) Spiriduşii învaţă la şcoala lor din Pădurea Fermecată să prepare licori de dragoste, să vorbească limba florilor şi a copacilor, să preschimbe un preafrumos prinţ într-o creatură cu cap de măgar şi, mai ales, să se strecoare nevăzuţi într-o sticlă. Totuşi, mamele lor sunt de părere că spiriduşii ar trebui să înveţe şi niţică matematică, pentru că nu se ştie niciodată când le va folosi în viaţă. Iată ce părere au mamele de spiriduşi despre importanţa matematicii:

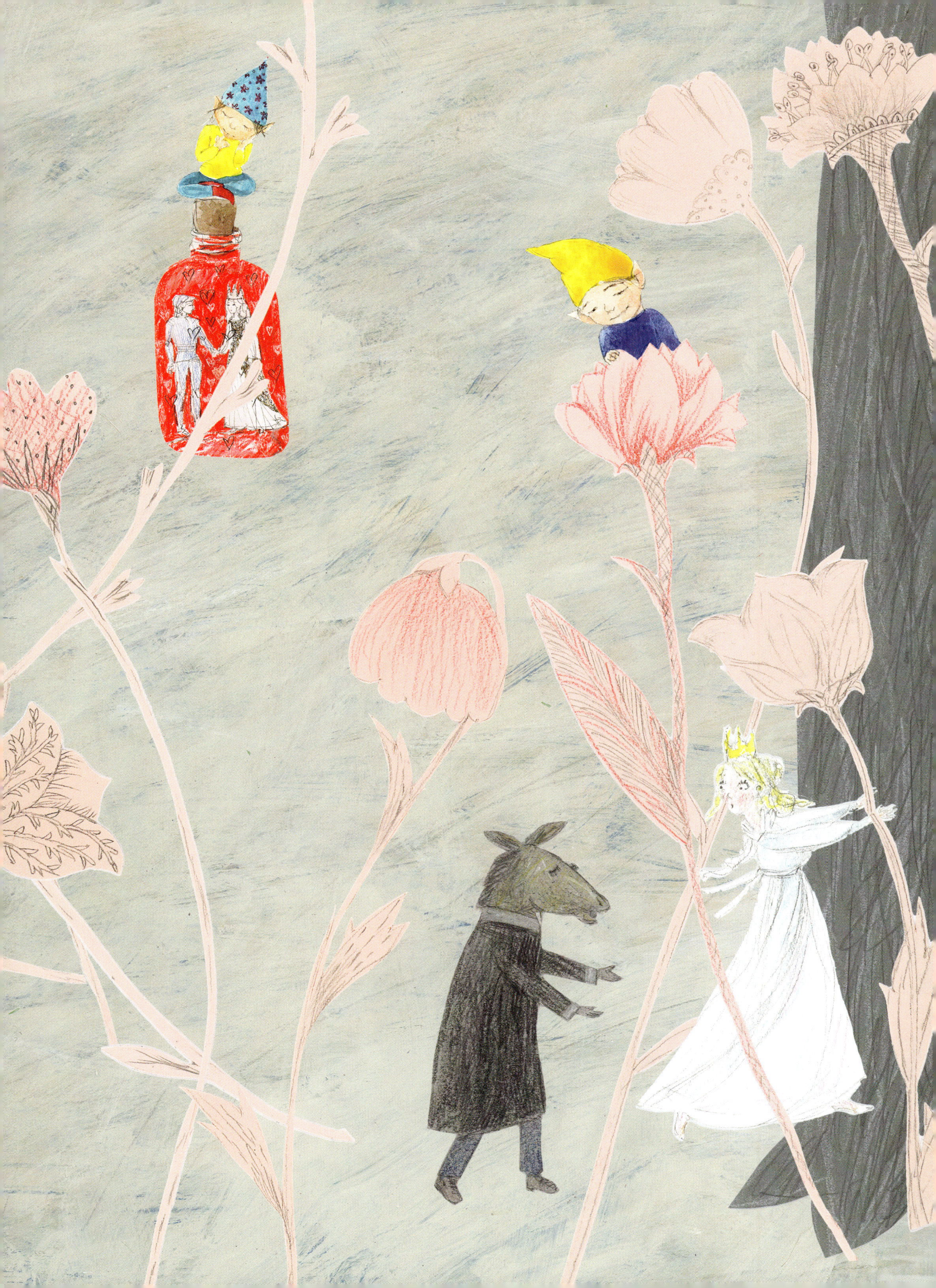

Plusuri, minusuri și cifre,
Logaritmi și integrale,
Asta trebuie să viseze
Spiridușii la culcare.
Ne așteaptă vremuri tulburi!
Vrăjile nu țin de foame!
Tot jucându-vă cu fluturi
Și cu alte lighioane
Fermecate și ciudate,
Veți vedea, micuții mei,
Fără tabla înmulțirii
Nu faci cât un bob de mei!

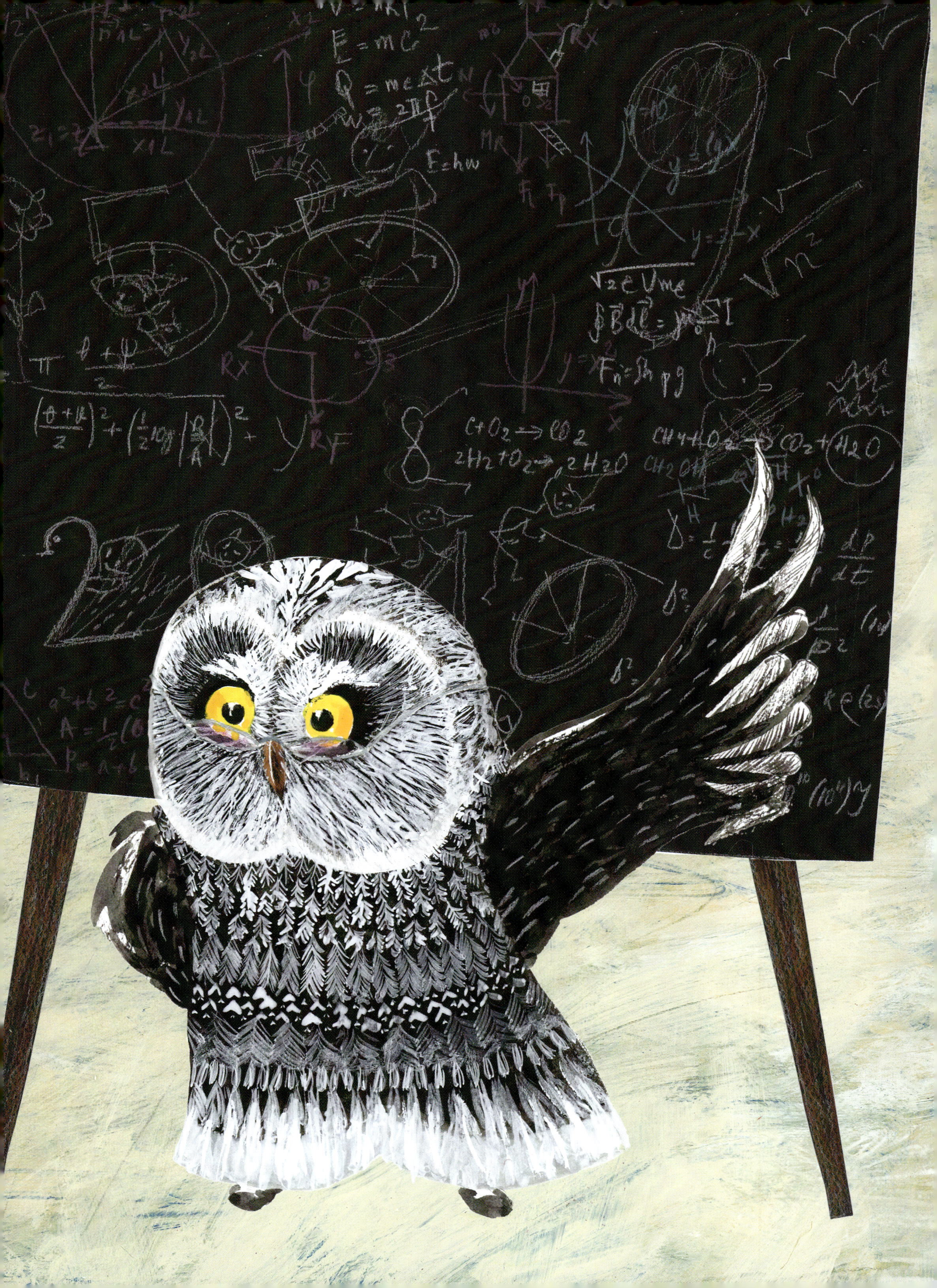

E=mc²
C+O2 → CO2
2H2+O2 → 2H2O

Așa că-i trimit într-o poiană din Pădurea Fermecată, la o bătrână bufniță care să-i învețe. Însă spiridușii nu sunt atenți deloc la lecție și preferă să facă tot felul de vrăjitorii. De exemplu, mai deunăzi au transformat caietele în turtă dulce și cifrele în desene animate. Ca să nu mai vorbim despre faptul că uneori se amuză ascunzându-i lui Făt-Frumos roțile de la mașină sau șterpelindu-i bătrânei bufnițe ochelarii... De asta spiridușii au note mici la matematică, în schimb iau mereu Premiul I la orele de „Magie, Poezie și Coregrafie". Și tare se mai veselesc atunci, țopăie și cântă de mama focului:

Plusuri, minusuri și cifre,
Logaritmi și integrale –
Fugim cât putem de ele,
Ne e gândul doar la mare.

Facem șotii cât cuprinde,
Vrăjim tot ce stă în cale.
Vrăjim cartea, foaia, tabla,
Logaritmi și integrale.

REFREN:

La desene animate
Toată ziua ne-am uita,
Turtă dulce fermecată,
Numai asta am mânca!

Suntem spiridușii veseli
Nu stăm locului o clipă,
Iar pe doamna profesoară
O evaporăm în pripă.

Cântec, jocuri și magie,
Asta e plăcerea noastră.
Matematica zbanghie
Poa' să zboare pe fereastră!

REFREN:

La desene animate
Toată ziua ne-am uita,
Turtă dulce fermecată,
Numai asta am mânca!

Copii, voi să nu faceți ca ei!
Să vă faceți temele la
matematică, bineee?

33

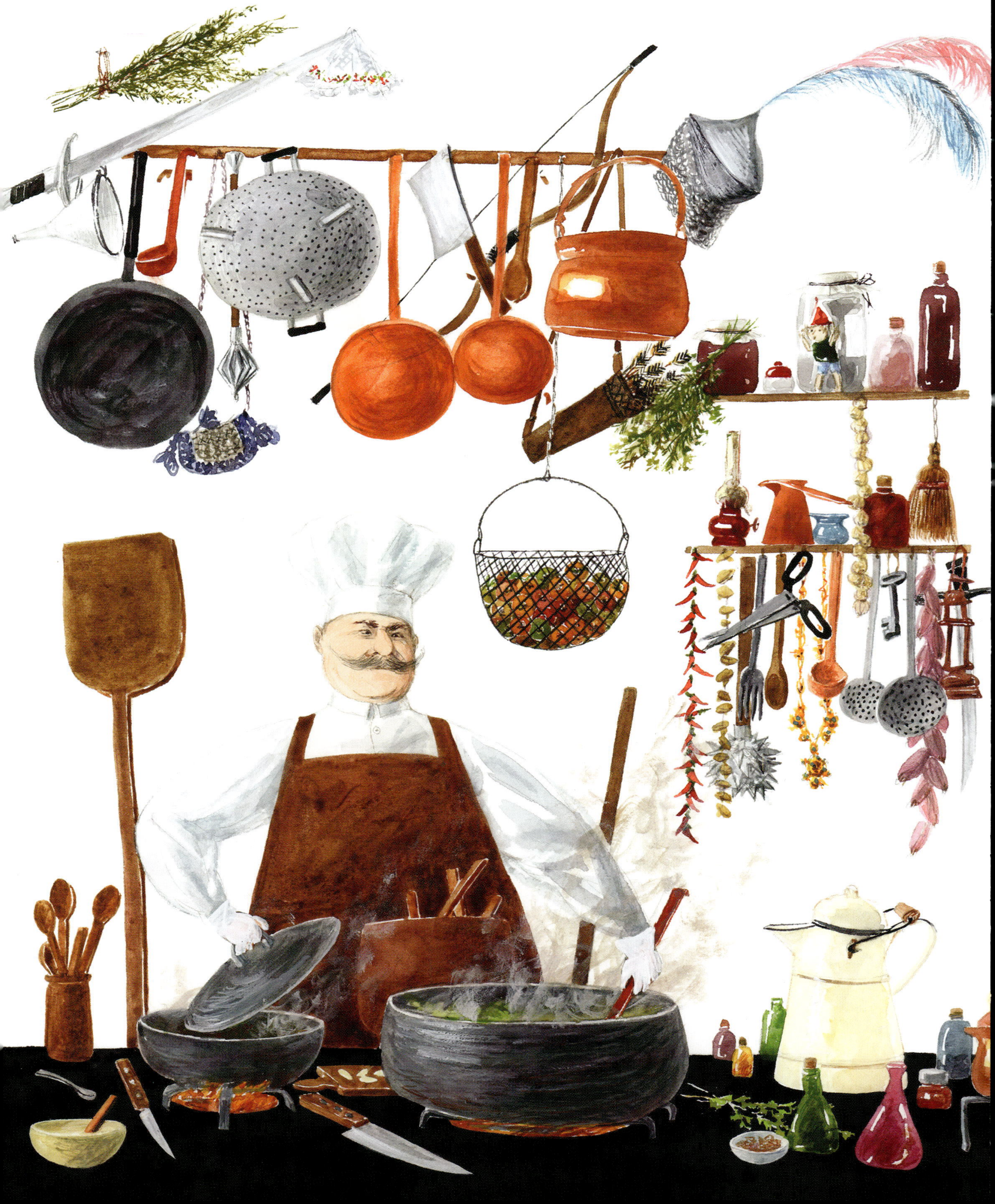

7. E adevărat că MARELE CĂPCĂUN este un foarte BUN BUCĂTAR?

Răspunsul este da... și nu. E adevărat, se zice despre Marele Căpcăun că ar fi un foarte bun bucătar, pentru că are un restaurant care-i poartă numele („La Marele Căpcăun"), unde vin să înfulece toți zmeii odată întorși din bătălie. Poate fi văzut toată ziua cu o ditamai boneta de bucătar pe cap, trebăluind printre cratițe și tingiri, în timp ce din gură-i ies cuvinte înspăimântătoare, precum: „busuioc amețitor", „pe tarhonul și pe rozmarinul meu", „ceapă gratinată" și alte blestemății.

Marele Căpcăun a scris și o carte de bucate, intitulată *„Secretele bucătăriei sănătoase, pentru zmei și alte creaturi fioroase"*, carte ce se află în bucătăriile tuturor creaturilor fioroase din Codrul Întunecat. La restaurantul Marelui Căpcăun se găsește cea mai bună Supă de Prințesă cu mazăre, cel mai gustos Sufleu de Voinic cu piper verde și delicioasa Budincă din Aripi de Zână cu sos caramelizat.

Totuși, adevărul adevărat e că nu Marele Căpcăun este, de fapt, inventatorul rețetelor, ci un biet djinn pe care-l ține prizonier într-un borcan și pe care l-a păcălit, printr-o vrajă, să-i dezvăluie secretele gătitului.

Cum să prepari un Sufleu de Voinic în câțiva pași simpli (rețetă din faimoasa carte de bucate *„Secretele bucătăriei sănătoase pentru zmei și alte creaturi fioroase"*).

Sufleu de voinic
— rețetă rapidă —

ingrediente

- un voinic proaspăt prins
- 1 kg de curaj
- 2 kg de jăratic
- 200 g de amintiri cu fete de împărat și ilene cosânzene
- câteva gânduri războinice (cam un vârf de paloș)
- făină cât cuprinde
- sare amară și zahăr vanilat după gust
- o mână de boabe de piper verde
- opțional – praf de strănutat
- o sărutare de prințesă (pentru ornat)

MOD DE PREPARARE

Voinicul se curăță bine de sabie, scut și suliță și se pune la frăgezit, neapărat într-o noapte cu lună plină. Între timp, gândurile războinice se fierb la foc mic, amestecând mereu cu buzduganul, până când fac „BUM!", un BUM mare de tot. Se iau amintirile cu fete de împărat și Ilene Cosânzene, se tăvălesc prin sare pe o parte și zahar vanilat pe cealaltă parte, astfel încât să fie nici prea dulci, nici prea sărate.

Dimineață, se ia voinicul de la frăgezit și se strânge kilogramul de curaj care s-a scurs, apoi voinicului i se dă drumul. Curajul se amestecă cu amintirile dulci-sărate, cu BUM-BUM-ul care s-a răcit, se adaugă făină (cât cuprinde), se asezonează cu piper verde și, pentru amatorii de senzații mai tari, cu praf de strănutat. Se toarnă într-o formă colțuroasă și se coace pe jăratic (Calul Voinicului vă poate spune de unde să faceți rost de el) până când capătă o crustă aurie. Înainte de servire, se poate orna cu o sărutare proaspătă de prințesă – ceea ce, se știe, este o maaare delicatesă!

Poftă fioroasă!

8. De ce zboară vrăjitoarele pe cozi de mătură?

Istoria începe tare demult, cu o vrăjitoare micuță, Bláfeldur pe numele ei, care de-abia începuse să descâlcească tainele vrăjitoriei. Pe vremea aceea, vrăjitoarele zburau singure, fără niciun ajutor, însă nu se ridicau până în înaltul cerului. Pluteau numai așa, deasupra pomilor și-a caselor... Numai Bláfeldur nu reușise cu niciun chip să se ridice în văzduh, de aceea o trimiseseră la bucătărie să se ocupe de gătit și curățenie. Micuța noastră vrăjitoare stătea cât era ziua de lungă în bucătărie, ștergând praful din colțuri cu o mătură jerpelită, în timp ce din ochi i se prelingeau lacrimi de tristețe, văzându-le pe fereastră pe surorile ei cum își iau vesele zborul. Când termina treaba, se așeza la masa din bucătărie și scria versuri în carnețelul ei secret:

Cine, cine-mi poate spune
Cum să fac să mă înalț?
Visez depărtări albastre
Încă nu am niciun sfânt...
Cine, cine-mi poate spune
Cum să-nvăț să pot zbura?
Doar o mătură-am pe lume,
Asta, și familia mea.
Exilată-s fără milă
În bucătăria strâmtă,
Mătur toată ziua-n silă,
Iar speranța se avântă.
Visez nori pufoși și stele,
Plutiri line și măiastre,
Astea-s dorurile mele:
Zbor și depărtări albastre.

39

Într-o bună zi, Bláfeldur n-a mai putut îndura tristețea și s-a hotărât să plece în lumea largă să-și caute norocul. Înainte să iasă pe ușă, a zărit într-un colț al bucătăriei mătura cea prăfuită și i s-a făcut milă de ea, cum stătea așa, singură și uitată de toți. Așa că s-a întors și a luat-o cu ea. Dar, când a ieșit afară, nu mică i-a fost mirarea să afle că nu era o mătură oarecare, ci una fermecată, care știa să zboare până hăt-departe, în înaltul cerului. Bláfeldur a încălecat pe mătură și-a pornit fericită prin văzduh. A ajuns până la lună și la stele, ceea ce nimeni din neamul ei vrăjitoresc nu mai reușise vreodată. De atunci, toate vrăjitoarele au început să zboare pe cozi de mătură. Au apărut sute de modele și chiar magazine specializate, iar acum umblă zvonul că vrăjitoarele sunt pe cale să inventeze aspiratorul pentru zburat, cu baterii.
Iar Bláfeldur a devenit prima poetă din neamul ei.

Dacă ai fi o vrăjitoare care zboară pe mătură, ce vrăji ai vrua să faci?

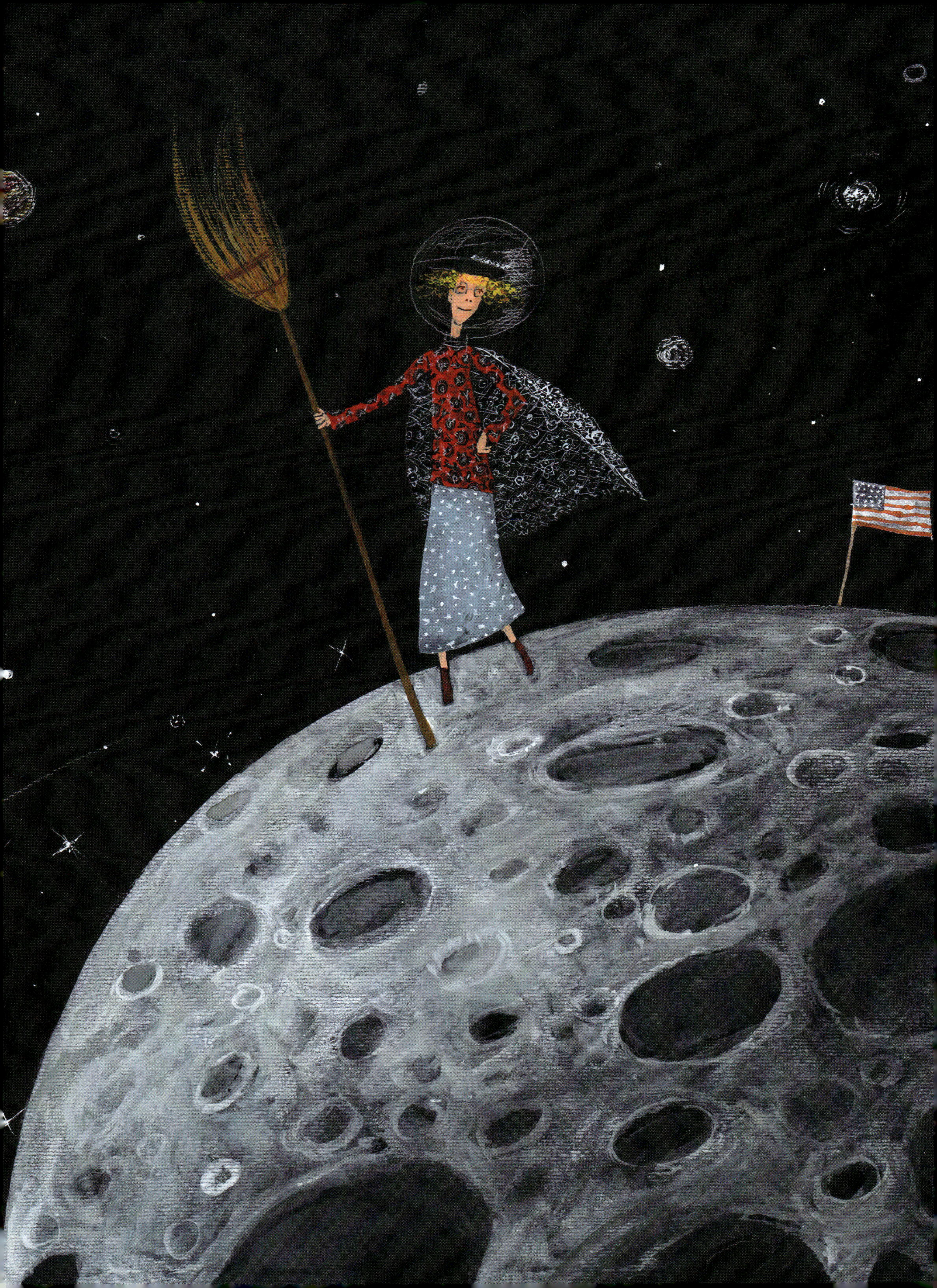

9. De unde vin polonicele?

Polonicele nu vin, cum s-ar putea crede, din Polonia, care este o țară ce se învecinează cu Cehia și Germania. Nu, polonicele vin din Polonicia, o țară aflată foarte aproape de Crângul Cuțitelor de Bucătărie, Lunca Linguriţelor de Argint și Îndepărtata Provincie a Furculiţelor Ascuțite. În Polonicia se află cea mai mare fabrică de polonice și cel mai mare cazan de supă din lume. Locuitorii Poloniciei se numesc polonicari (sau polonicieni) și toți se îndeletnicesc cu fabricarea polonicelor. Mâncarea lor preferată este supa, pe care o mănâncă direct cu polonicul. Pentru că în Polonicia se fac atât de multe polonice, polonicarii fac de multe ori schimb cu vecinii lor: le trimit polonicele care le prisosesc și primesc cuțite de bucătărie, linguriţe de argint și furculiţe ascuţite. Din păcate, cu toții sunt certați cu locuitorii Ținutului Bețigașelor Chinezești, cu care s-au aflat în război încă din cele mai vechi timpuri. Bețigașele susțin că ele sunt singurele tacâmuri care ar trebui să existe pe lume, iar toate celelalte ar trebui să dispară; în plus, visează să interzică pentru totdeauna supa, pentru ca astfel polonicele să nu mai fie de niciun folos. Iar polonicarii, vă dați seama, nu sunt de acord, așa că războiul durează de sute de ani și nu s-a terminat nici până în ziua de azi!

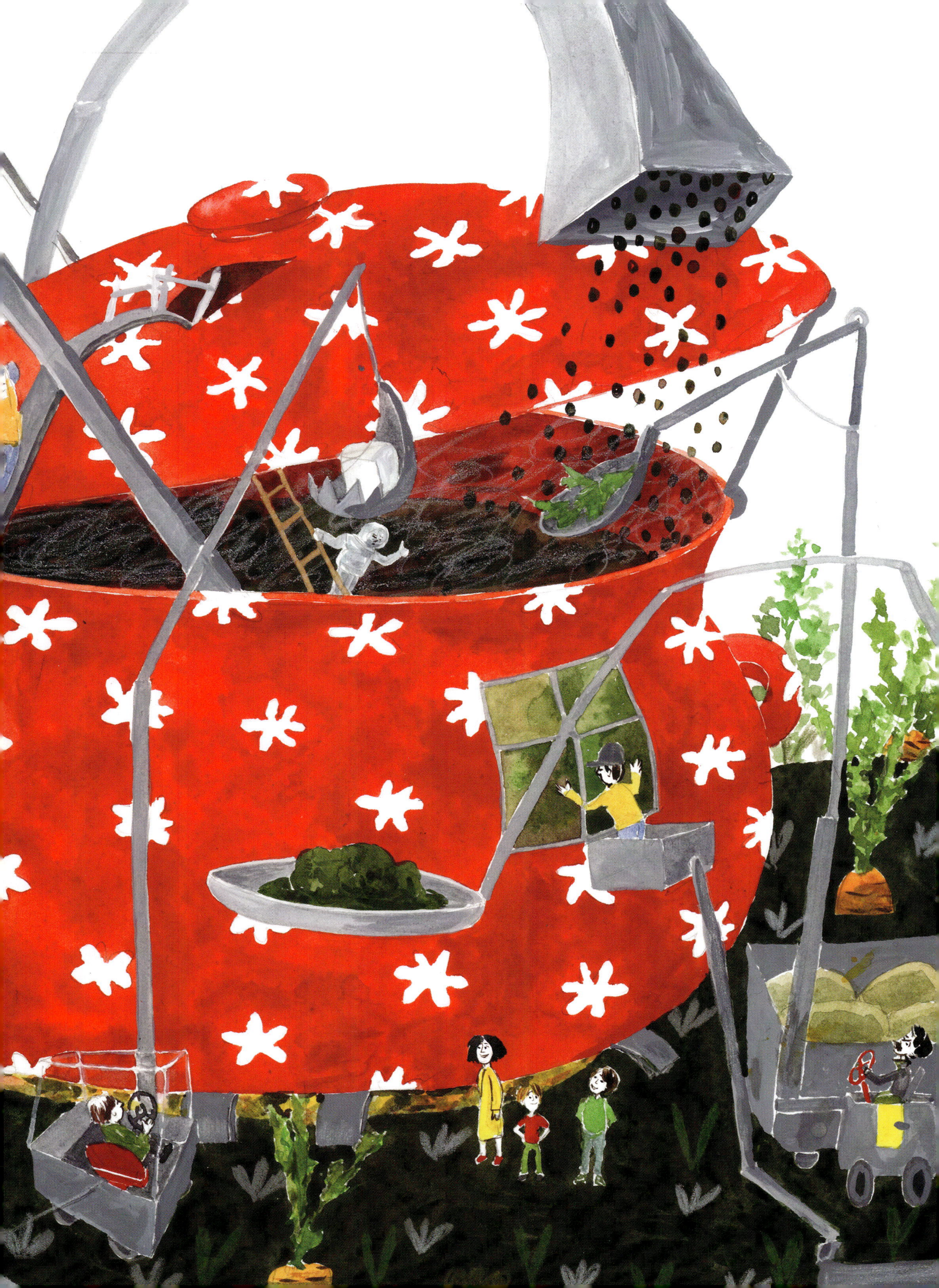

Legenda polonicelor războinice

Plecat-am la războiul aprig,
Cu polonicele drept steag,
Nu știm de foame, nici de frig,
Avem în viață doar artag!

Cu bețigașele certați
De-acum și pururea vom fi
Și răzbunați ne vom trezi
În greaua luptă aruncați!

Plecat-am la războiul sfânt
Noi, polonicele, cu-avânt,
Și liniștea ne-o vom găsi
Când bețigașele-om stârpi!

A fost odat' ca niciodat'
Un polonic neînfricat,
Însă a fost întemnițat
De-un bețigaș înfuriat.

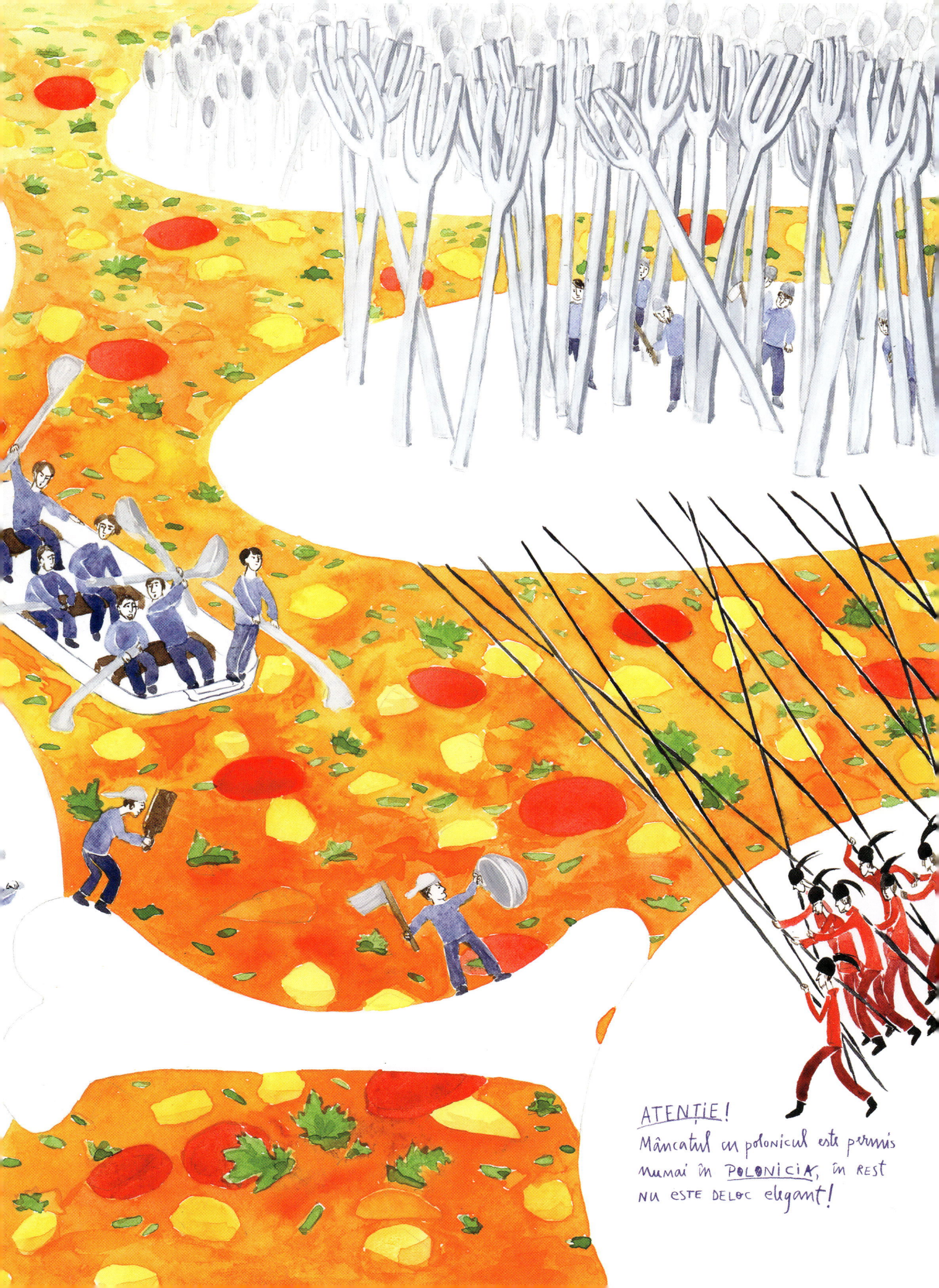

ATENȚIE!
Mâncatul cu polonicul este permis numai în POLONICIA, în rest nu este deloc elegant!

46

10. De ce îi e frică întunericului?

Adevărul e că Întunericul este, de fapt, un mare fricos. Nu numai că se sperie de orice geană de lumină, dar moare de frică atunci când aude muzică. Tremură din toate încheieturile când aude pe cineva spunând o poveste și se prelinge afară din cameră, ca o umbră, dacă i se aprinde o veioză în nas. Întunericului îi mai e frică de: petreceri, clovni, torturi cu glazură, lumânări, confetti, beculețe colorate de brad, culori fosforescente, lanterne, lampioane chinezești, orchestre, reflectoare de teatru, jucării înzestrate cu luminițe, acadele, artificii și nenumărate alte lucruri și lucrușoare care fac zgomot și lumină, tulburându-i Întunericului tihna și odihna.

Stau ascuns în colț și tremur,
Căci lumina mă rănești.
Nu suport nici clovni, nici muzici,
Veselia m-obosește.

Vreau cu aripile mele
Pe copii să îi cuprind
Și în falduri de mătase
Unduios să îi ating.

Și să le strecor pe gene
Somnul dulce și pufos,
Cufundându-se-ntre perne,
Să adoarmă lin, frumos.

Dacă știți care mi-e dorul
Ce mă mistuie intens,
Stingeți întrerupătorul,
Să ajungem la consens!

Singurul moment în care Întunericul reușește să stea și el liniștit este atunci când în jurul lui vine prietena lui cea mai bună, Tăcerea. Atunci se iau amândoi de mână și încep să se legene ușurel, chemând încetișor Somnul. Iar când vine Somnul, toate lucrurile se opresc și nimănui nu-i mai e frică de nimic.

Tu ce faci înainte
să ADORMI?

50

11. De ce dragonii nu pot locui la bloc?

Dragonii sunt niște animale tare drăguțe și prietenoase și ar putea deveni cei mai buni prieteni ai copiilor. Numai că sunt tare zgomotoși și neastâmpărați: tropăie, zgârie pardoseala cu ghearele, dau iama în frigider și mănâncă tot ce găsesc. Vara le place la nebunie să doarmă în cada plină cu apă, iar atunci când se supără, scot flăcări pe nas. Dacă luați un dragon acasă, la bloc, în scurt timp toți vecinii vor veni să se plângă de zgomot, cărțile de colorat vor fi ferfeniță, iar în frigider nu va mai rămâne nici măcar un măr! Ca să nu mai spun că toate florile din ghivece vor fi pârjolite de flăcările lor!

Poveste adevărată

Eu am pățit-o odată, cu un dragon care nici măcar nu era mare, era un Dragon de Buzunar, însă era atât de agitat, încât în numai o săptămână a reușit să ne întoarcă toată casa cu susu-n jos! Că mi-a golit cămara cu provizii și-a dat iama în dulapul cu jucării al copiilor, mai treacă-meargă, dar cel mai rău a fost că și-a băgat gheruțele prin poveștile mele și mi le-a zăpăcit de tot! A trimis zmeii la cofetărie, le-a dat tablete balaurilor, a schimbat culorile rochiilor de prințesă, le-a pus spiridușilor note mici la matematică – or, toată lumea știe că spiridușii au câștigat de nu-știu-câte-ori Olimpiada de Matematică din Pădurea Fermecată! Nu mai spun ce-a născocit Dragonul ăsta de Buzunar despre broscoi, polonice, vrăjitoare și-așa mai departe. O ne-bu-nie! Vă spun eu, cu un dragon nu-i chip să trăiești în casă. De aceea, cel mai bine este ca dragonii să locuiască într-un turn din mijlocul unei pajiști întinse sau, măcar, într-o casă cu o curte foaaarte mare, cam cât o pădure de mare. Dar cel mai bine ar fi să locuiască într-o poveste! Da, așa cred că ar fi cel mai bine...

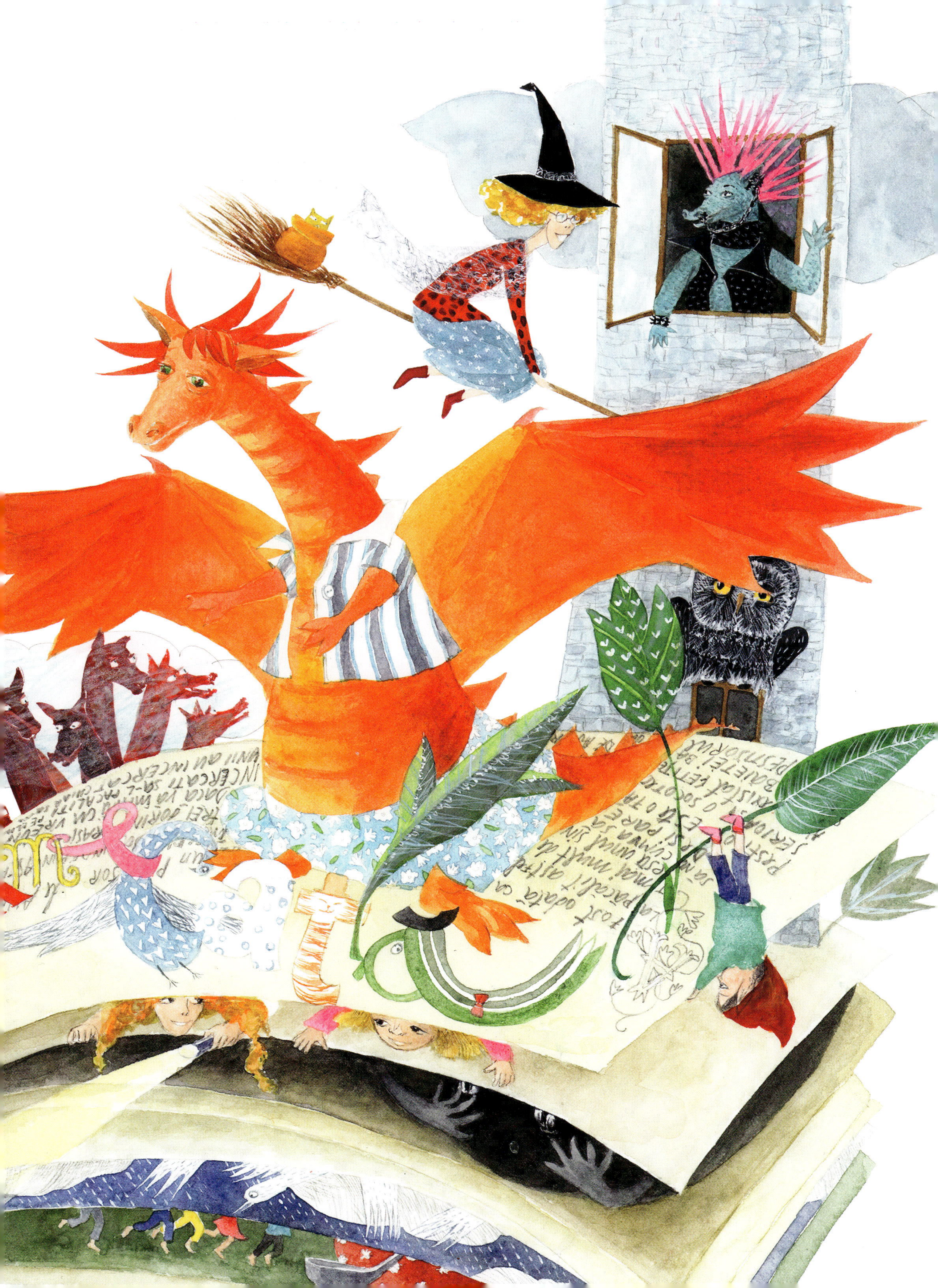

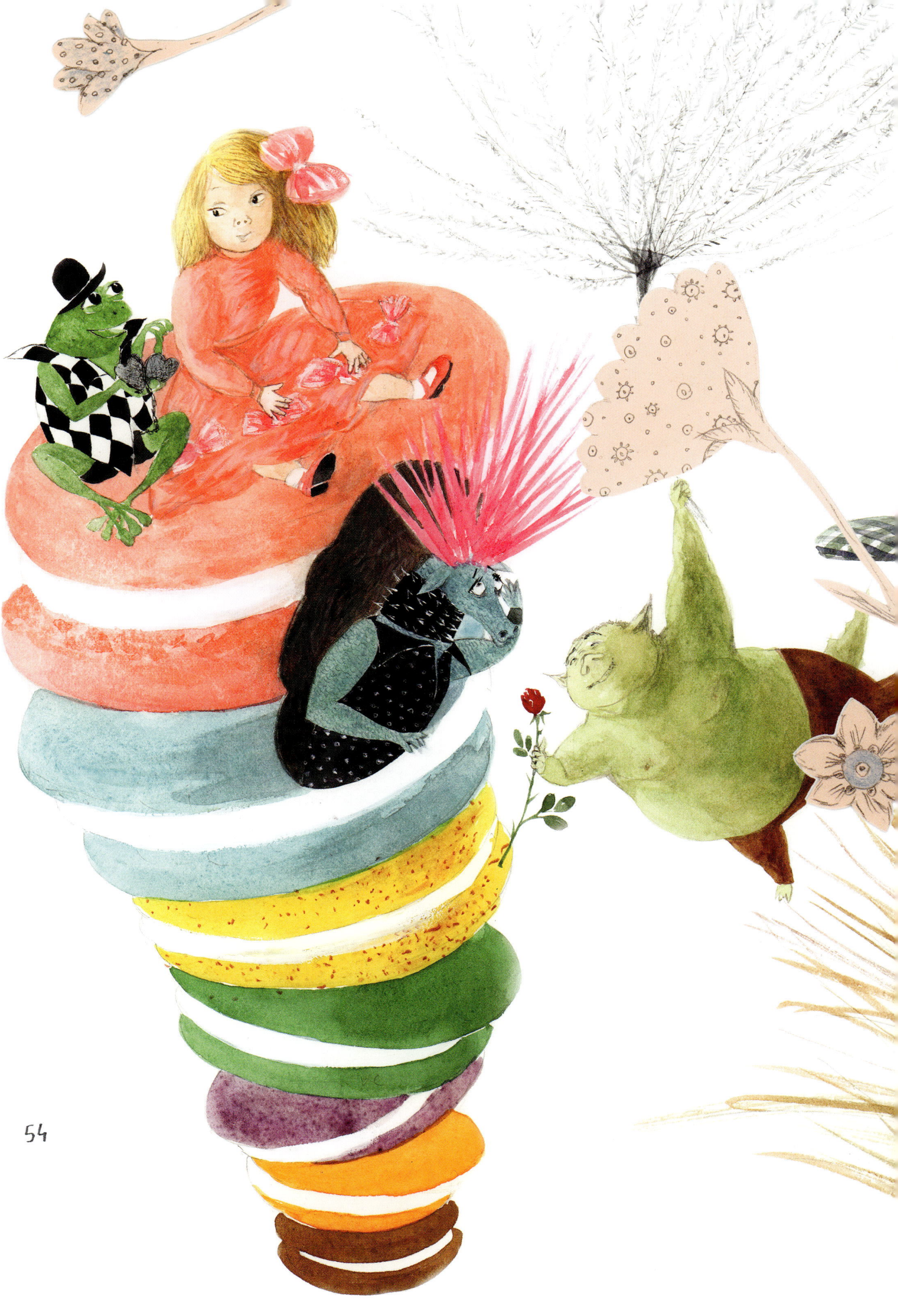

Și-am încălecat pe-un dragon
Și v-am spus o poveste în ton,
Cu vremuri de povești trecute,
Prințese roz și cești tăcute,
Cu polonicari ce zboară,
Zmei ce hoinăresc pe-afară
Și feți-frumoși înaripați
Și spiriduși neînfricați.
Să-nchidem cartea acum e timpul,
Se schimbă ziua, anotimpul,
Se schimbă noaptea-n zi
Și vara
Devine iarnă gri,
Și seara
Se topește-n dimineață,
Am vrea fursecuri cu dulceață,
Am vrea ceai cald și scorțișoară,
Am vrea să vină iar diseară,
Ca să citim din cartea asta
Dar punem punct acum și... BASTA!

CUPRINS:

1. De ce ROZUL e culoarea preferată a PRINȚESELOR?
P. 4

2. De ce ZMEILOR nu le plac DULCIURILE?
P. 8

3. DE CE LE TREBUIE BALAURILOR atât de multe capete?
P. 14

4. De ce nu a reușit FĂT-FRUMOS să meargă cu mașina?
P. 18

5. CE SE întâmplă cu un BROSCOI pe care nu-l pupă nicio PRINȚESĂ?
P. 22

6. De ce au SPIRIDUȘII note mici la MATEMATICĂ?
P. 28

7. E adevărat că MARELE CĂPCĂUN este un foarte BUN BUCĂTAR?
P. 35

8. De ce ZBOARĂ VRĂJITOARELE pe cozi de mătură?
P. 38

9. DE unde vin POLONICELE?
P. 42

10. De ce îi e FRICĂ ÎNTUNERICULUI?
P. 47

11. De ce DRAGONII NU POT LOCUI LA BLOC?
P. 51

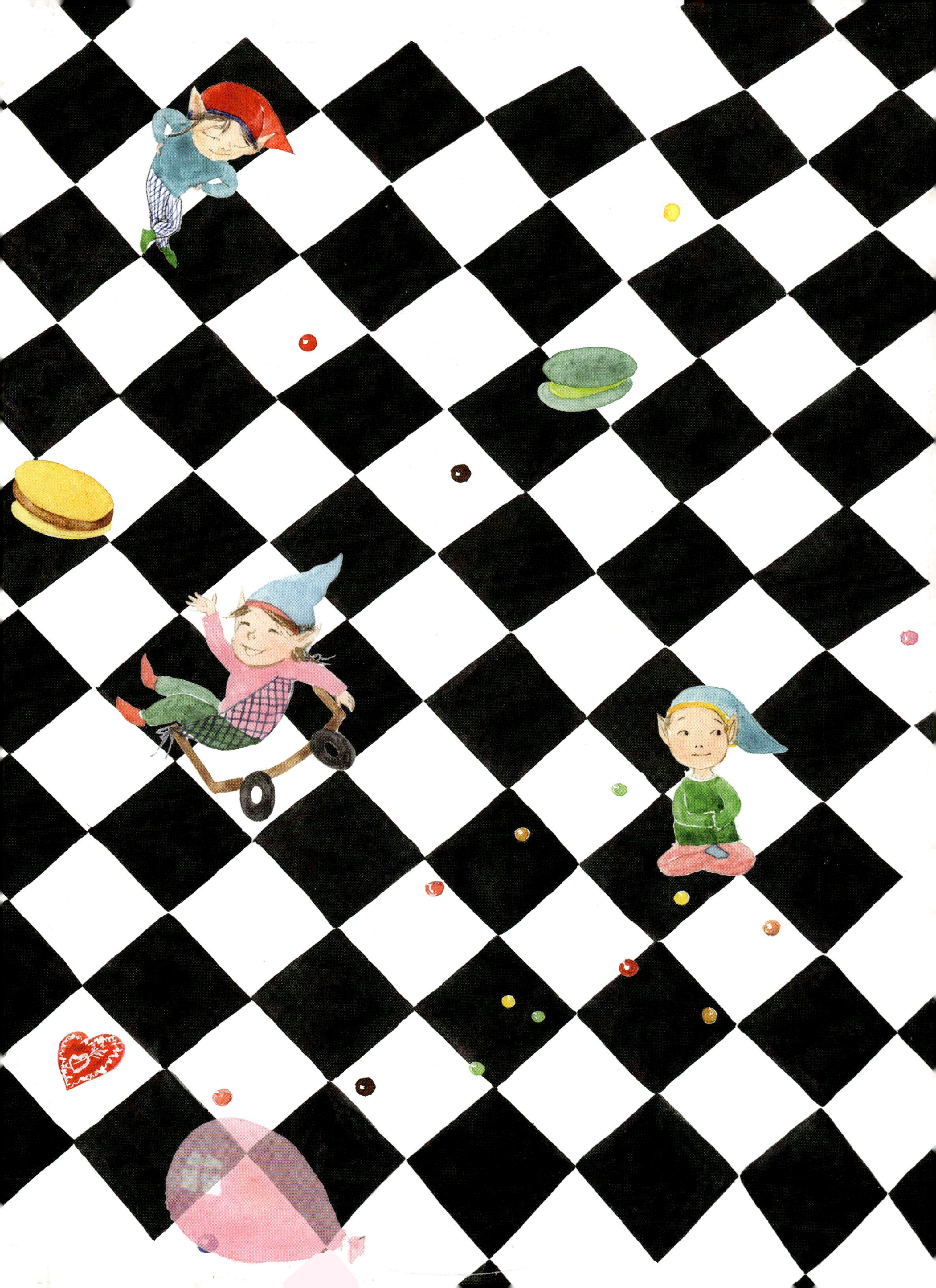